CÁBALA: AMOR

LA CALLE

CÁBALA: AMOR
© Elena Flores
Diseño de portada: David Hidalgo

I ª edición

© Editorial La Calle, 2016.

Editado por: Editorial La Calle
c/ Cueva de Viera, 2, Local 3
Centro Negocios CADI
29200 Antequera (Málaga)
Tel.: 952 70 60 04

Correo electrónico: editoriallacalle@editoriallacalle.com
Internet: www.editoriallacalle.com

Reservados todos los derechos de publicación en cualquier idioma.

Según el Código Penal vigente ninguna parte de este o
cualquier otro libro puede ser reproducida, grabada en alguno
de los sistemas de almacenamiento existentes o transmitida
por cualquier procedimiento, ya sea electrónico, mecánico,
reprográfico, magnético o cualquier otro, sin autorización
previa y por escrito de EDITORIAL LA CALLE;
su contenido está protegido por la Ley vigente que establece
penas de prisión y/o multas a quienes intencionadamente
reprodujeren o plagiaren, en todo o en parte, una obra literaria,
artística o científica.

ISBN: 978-84-16164-50-9
Depósito Legal: MA-1229-2016

Impresión: PODiPrint
Impreso en Andalucía – España

Nota de la editorial: Editorial La Calle pertenece a Innovación y Cualificación S. L.

Elena Flores

CÁBALA: AMOR

Editorial La Calle
Antequera 2016

A mis valientes, que tanto me inspiran.

CÁBALA: AMOR

PRÓLOGO (O NO)

～✗～

Todo prólogo, incluso el más poético, tiene algo de manual de instrucciones. En ese sentido, la casilla de salida del tablero de Elena Flores remeda el inicio inconfundible de la *Divina Comedia* de Dante. «Me adentro», dice, y no está perdida, no hay rastro de la confusión original del florentino, «En el bosque de ese monte oscuro». Un monte Sacrolujurio. Y pese a tal título, para introducirnos mejor en lo que propone *Cábala: amor* convendría alejarnos por un rato de paisajes alegóricos y tomar otra referencia de la tradición italiana, tan cara para la autora...

¿Recordáis el final de la película *Ocho y medio*, de Fellini? El personaje que interpreta Marcello Mastroianni, un director de cine que había estado buscando insaciablemente la inspiración perdida por las amantes y los pecios que ha dejado en su trayectoria, tiene una revelación. Segundos antes de que la música de Nino Rota se adueñe de la escena, musita «es una fiesta la vida...». La voz en *over* del director se hace entonces «ego en el silencio», como se leerá en el primer poema de *Cábala: amor*, sabedor de que el arte —su cine— se alimenta del mismo "(sin)sentido" carnavalesco, la misma querencia por reagrupar en un desfile todas las pieles y todas las identidades gastadas. Con un lenguaje muy terrenal, accesible para todo lector que quiera escucharla, Elena Flores expone esas reglas básicas de la retórica de la careta —que a un tiempo esconde, recrea y desvela— en la trinidad de poemas («Sociedad de nombres», «Palabras de otro» y «Valiente») que sirven de verdadero prólogo —esto es otra careta— al gran apartado del libro: *Pasarela de Panfilia*.

Pasarela de despedida se llamaba, elocuentemente, la sintonía del desfile de *Ocho y medio*, a cuyas trompetas acudían payasos, enanos, curas, pierrots etc. una comparsa de carácter muy diferente a los Goliats, Dalilas y Caínes pop que salen en este escenario «como las baquetas de un tambor verdugo», insuflados de deseo o corporalidad. He ahí el juego tan fácil como terapéutico en estos tiempos de (re)celo ante las referencias religiosas al que nos aboca *Cábala: amor*. La autora se apropia de los mitos fundacionales de la tradición hebraica y los proyecta en una clave irónica e intimista («Big Bang» será el rótulo del poema sobre el comienzo —y sobre todo la separación— de una relación amorosa universal), lejos de cualquier ordenación natural de lectura, como fichas desparramadas, al menos en apariencia.

No en vano, si se inaugura la Pasarela reivindicando a «Lilit», la primera mujer de Adán, prototipo histórico de *femme fatale*, su imagen no se completará hasta que se contraste con la «Mujer con manzana», Eva desprovista de nombre, que cierra el círculo y el poemario. El reflejo de ambos modelos de mujer se *encarna*, además, en las dos direcciones: «Lilit» puede ser la identidad que reclama la amante para sí y la identidad que da a la amada, el yo y su destinatario. Incluso puede que la pasión lilitiana no responda sino a un estadio más de una cadena demasiado reconocible de encontronazos sentimentales, sobre las cuales se yergue —por su singularidad— la sombra del poema «Goliat». Y es que Elena Flores reinterpreta su lucha y su caída ante David como un contraste sexual de cuerpos que por un segundo se intercambian y yuxtaponen en una retórica —anulada— del poder, que hace de «cada milímetro» hacia el gigante «un paso hacia la guerra». Pensándolo bien el juego no es tan fácil. Volvamos al principio.

«Es una fiesta la vida..., vivámosla juntos». Sin la segunda parte de la sentencia de la película, puede que Fellini nos descubra un concepto, si se quiere espiritual, de la vida (de una pipa), pero es imposible su realización, que salga el humo. Al respecto, ni que decir tiene ya que la sensualidad como conductor de toda historia amorosa mueve los músculos, los cabellos, las manos de este poemario, de cuidado y marcado homoerotismo, aunque en sus páginas se integre como un modo más de «panfilia». Curiosa etiqueta. Si atendemos a su etimología, Elena Flores estaría implicando con ella, por un lado, la totalidad de las formas afectivas (frente a la conjunción irresoluble de lo «sacrolujurioso»); y, por otro lado, su celebración orgiástica, posiblemente al compás aflautado de Pan. Y es que la alusión disimulada al fauno helénico en la *pan*filia no impide que su música rechine, por exótica, en la galería cerrada de figuras hebraicas que ha montado la autora, cuya lectura (cuya cábala) ha de entenderse a través del segundo elemento de la inscripción: el amor. Un amor que combina en su descripción un profuso simbolismo con lemas casi de pancarta, que podrían estar sacados de una pintura en la acera...

Lo cierto es que la disparidad, nada impostada, de sus materiales distingue las construcciones de *Cábala: amor*. A veces, desde lejos, por cómo suenan. Véanse si no los latiguillos rítmicos incrustados entre los versos nobles, de endecasílaba tendencia («me tildaron de valiente, valiente»), para hacer aún más claro el mensaje. Otras veces, de cerca, entre las letras: ¿quién reformula en un poema (de parlante encabezamiento, «Lo Pasado») el *Sermón Pascual* de la liturgia y en otro rememora las andanzas entre pinares de Gil de Biedma? Antes que una voluntad de provocación, los dos textos (y los lemas políticos y todos los guiños pop) parecen sonsonetes que la autora lleva consigo y que ha de soltar de un manotazo, para pasar a otra cosa o explicarse mejor. Puede ocurrir hasta dentro de una misma estrofa. Como cuando pinta en el poema «Éxodo» un desierto donde «los alacranes me persiguen y me vienen/ las plagas de un rencor/ que no se cansa de recordar lo pasado/ el desierto que me ataca con su alegoría/ junto al calor que no aguanto», para romperlo todo de seguido, como si cayera la realidad de bruces, con un lapidario «No lo entiendo».

Y llegados a esta altura yo tampoco entiendo que no os hayáis saltado aún esta parte y empezado a subir al monte de este primer poemario —vendrán más— de Elena Flores. Si este párrafo fuera un prólogo diría, incluso, que hacéis bien en internaros en sus oxigenadas salas, que ha construido una plataforma de lectura limpia, sin rastros de escombro o incienso en las paredes, juvenil en el buen sentido y amorosamente en sus cabales. Como no lo es, recordad: no olvidéis la careta al salir.

Álvaro López Fernández.

SUBIDA AL MONTE SACROLUJURIO

SOCIEDAD DE NOMBRES

Me adentro en el bosque de ese monte oscuro,
un bosque de luces rápidas que van y vienen.
He quedado suspendida, en la luz y en nada,
y no sé moverme más, no sé andar.
Lento.
Las sombras de los árboles me tocan,
me dicen que soy allí el ente extraño:
quiero ser árbol y eco, yo y naturaleza.
Me adentro en el macrocosmos de lo imposible.

Subo y me digo: "me he vuelto loca"
me niego lo que soy cuando lo soy
porque no recuerdo que ayer,
al pasar al parque,
en el columpio,
cambié de universo.
Me digo: "me he vuelto, volqué el tiempo"
y me arrodillo ante la etiqueta del traje
que dicen que me ponen los sastres de siempre.
Ya tengo la marca de una sociedad de nombres.

CÁBALA: AMOR

Cierro los ojos, me metamorfoseo.
Subo a la colina, el pajareo alegre me canta.
La música clara interpreta el viento *ululante*.
La voz se hace ego en el silencio.

Soy una máscara con nuevos trajes,
soy mi amor propio con careta:
un carnaval que está en el monte Sacro-lujurio
me espera allí, en su lugar eterno.

LAS PALABRAS DE OTRO

>Podré intentarlo con otra retórica,
>podré sustituirte en el miedo asociado,
>podré alquilarme a los sueños viejos
>pero jamás podré venderme.

Restallaron los látigos, al aire
las notas insonoras vagan solas;
perdiéndose en este boca a boca
que quiere decir más de lo que sabe.
Pues ni mentí ni miento al declarar
que en su brinco asustadizo él— Miyou—,
disfrazado con sonrisa tenue,
esconde tras su máscara un secreto:
palabras que buscan la magia mía y
respiran de la metáfora de otro.

>Y es que la sofística no se pierde,
>y es que no te miente mi verdad.

CÁBALA: AMOR

Resbalaron las lágrimas, al cielo
las nubes grisáceas llegan mías;
abriéndose en la tormenta rota
que dice más de lo que quiere y sabe.
Pues ni afirmé ni afirmo este argumento
ni te digo que no lo hablara nunca,
ni te digo que callase para siempre.
Solo digo que nunca, amor, paré
de amarte, mucho menos de escribirte.
Que jamás he parado de añorarte.

                              Y es que los engaños nunca mueren
                              y es que mi verdad jamás te miente.

VALIENTE

Me tildaron de valiente, valiente
me dijeron por saber mirarte y no,
ya no sé, no puedo agrandarte más.
He perdido la capacidad de permanecerte,
de salvarte de Cronos, de olvidar lo justo,
de salvar los problemas, de hablar despacio.
Ya no sé dibujarte imaginando:
te me borras, del espacio te me borras.

Pero yo sigo siendo valiente, valiente
porque te quise y aún te quiero.
Valiente soy y fui y seré
porque yo sentí la flecha que lanzaste
y vi todo lo que pasamos
y oí todo lo que dijiste
y supe saberte sin probarte.

Soy valiente, valiente
porque vivo la guerra contra lo imposible,
porque lucho en el bando perdedor,
porque me parapeto en la vanguardia

CÁBALA: AMOR

y sigo siendo valiente, valiente
cuando me arriesgo a ser nadie
después de serlo todo y saberlo.

Pero tú dices "no, ya no más".
Ya sé, no vale ser valiente para estar contigo.
Me dices "ven" y luego me echas,
me dices "vuelve" y luego te vas,
me dices "adiós" después de un "hola"
y yo, tan valiente, sigo el camino para buscarte.

Yo soy valiente, valiente
para, aún sabiendo que me ahogaría,
nadar contra las mareas que me coartan;
valiente para luchar contra las convenciones,
valiente al arrancarme de mí para estar contigo.

Soy valiente en mi bufonería
y me deshago del carnaval.
Me salgo de este teatro y grito
y hago mi *folla* propia
y "adiós mundo cruel":
que este gran teatro del mundo
se acaba.

PASARELA DE PANFILIA

LILIT

Busco el paraíso de tu cuerpo,
me corrompes con tu ausencia cuando hablamos,
del edén salgo
a buscarte en el mar de los súcubos.
Y quiero enredarme en ti y
romper las reglas del paraíso
que perderé,
pues si estoy contigo
no importan los infiernos que me aten.

Leo el braille de tus labios,
me palpitan las entrañas cuando pienso
que, si te toco,
caigo en tentaciones de orden mayor.
Quiero beber de tus ojos
y paladear en tu mirada
ardientísima:
fuego que quema.
Un fuego que se nos esparce por el cuerpo.

Que no se pierda más el tiempo
que de Dios estoy viendo una imagen

CÁBALA: AMOR

y, ¿me convierto?
Mi fe se entrega a tu excelsa gloria.
Y aunque vinieran tres ángeles por mí
me encadenaría a tu pasión rebelde
sometiéndome
al castigo que mi negación imponga.

No importa que me arrebates
toda la sangre o vida que aún me queda;
que si tú quieres
me entrego al Dios del mar rojo.
Y si he de arder entre las aguas
que me nazcan alas de cisne negro,
pero hoy unámonos
para marcar un tango de pasión y muerte.

Para siempre negro y rojo,
una lucha de poderes igualados
y raptémonos
para olvidar el rito de otras lágrimas.
Pues será la noche quien te guarde
en el secreto eterno de nuestra locura
sin tener más juicio
que el saber quién soy y a quién
estoy amando.

LO PROHIBIDO

> Y en esa flor que mi Eva rechazó,
> salvando Adanes de furtiva imagen,
> el veneno arrancaba y sometía
> un mundo de humildad aparente.

Cuando la llama empapa el tiempo extraño
de una luz casi fugaz, cegadora
pirámide de sueños incorruptos;
el frío atrae aquellas sombras vagas
que calientan las razones de mi canto,
de mi voz volante, perdida en alma.

Y aquel rojo chillón de mis semáforos
se enciende y apaga, tímido bufón,
¡saltando!, brinca hacia el destino incierto,
carcajeando a la imposibilidad ausente.

CÁBALA: AMOR

Pues no hay pasos de bien y malhadados
que me dejen aquellas luces trémulas
en el recuerdo de tu yo perdido.
Pero sí quedará este chocolate:
la amarga doble cara en la moneda,
la dulce imagen de no comido su fruto;
haber, del árbol, lo prohibido.

> *Ojos de solitario, muchachito atónito*
> *que sorprendí mirándonos*
> *en aquel pinarcillo, junto a la Facultad de Letras,*
> *hace más de once años.*
>
> Jaime Gil de Biedma.

GOLIAT

Como un pavo real te luces,
sabiendo que te miran los ojos
de todos los que te rodean.
Conoces tus cualidades:
lo estético en ti es sobrenatural.

Gustas de un torso envidiable,
en tus piernas la marca de Da Vinci
se hace eco de Pitágoras.
Todo tu cuerpo es, al fin y al cabo,
un arte matemáticamente perfecto.

La fuerza reluce en tus brazos,
explosivas campanas que, al moverlas,
se hacen eco en el ensanche de tu piel
marcando el camino intravenoso
que te recorre como furia
el tramo entre tus dedos
y la peana *lunarosa* en la que se apoya
tu cabeza.

CÁBALA: AMOR

Sabes que tu fuerza es sobrehumana,
tu cuerpo, todo, es mímesis de Marte:
cada milímetro de tu tacto
es un paso hacia la guerra.

Nadie nunca supo enfrentarse a ti.
El miedo corría los pasos que tú dabas
y se convirtió en tu sombra,
sicario de todo el tiempo antecedente
a lo que tú realmente deseabas.

Sin embargo, en tu mirada suplicante
una tarde, en el ocaso, cuando en el pinar
las hierbas reflejaban el poco sol
que entre las hojas de coníferas traslucía,
aquel joven débil, aquel chiquillo que llamaban,
se impuso sobre ti, abalanzándose
como quien ve el último paracaídas
que le salva del abismo.

Y te lanzó la peor carga que jamás sentiste
y te viste caer a sus pies
mientras que él, el débil hombre

del que todos renegaban,
del que tú habías renegado
se coronaba sobre ti
marcando órdenes confusas
mientras te vareaba con su cetro
de fría plata.

Y tú caíste suplicante, incrédulo,
abjurando de todo lo que ibas a ser
a partir de ahora.
Pero caías, la presión te llevaba al suelo
y a retozar, entre lágrimas,
como una niña que sabe que está perdiendo
lo que, en realidad, la hacía única.

Allí perdiste toda la batalla
y te dejaste llevar
porque sus armas no eran las de siempre.
Y tu bravuconería ya extinta
se esfumaba con los últimos rayos de sol del día.
Todo tu vigor te abandonaba al sentir su roce.
Aquel cuerpo diferente se ceñía contra ti,
ejerciendo su fuerza infusa
y tú, mientras tanto,
te convertías en el enclenque
que jamás habías sido.

CÁBALA: AMOR

Fue una metempsicosis momentánea,
vuestros roles cambiaron
y te convertiste en él por un segundo
y te gustó y le gustó
y os fuisteis haciendo uno solo,
trastocando todo lo anterior
para acabar reflejándoos
y superponiéndoos
como dos planos que se cortan
para hacerse uno
y uno solo fuisteis para siempre,
desde aquel momento en el que en el pinar
perdiste la cabeza
mientras se coronaba sobre ti
y te vareaba con su cetro
de fría plata.

DALILA

Andando te acercas, sibilina,
con mirada negra, negros cabellos.
Rasgos: como perfil de águila
que induce al éxtasis estético.
Imperial cariz en tu cara,
me recuerdas al sueño eterno.
Belleza es tu seudónimo disminuido,
maravilla última del inmenso orbe.
Una sonrisa epistémica
que encierra de tu cuerpo los saberes;
entrada es a ti y a tu lectura,
a tu calor y a tu deseo.

Pero te impones, intocable,
y te alejas porque esa es tu regla principal.
Dispones tú los juegos, siempre decides.
Te acercas en silencio, andando,
moviéndote con serpenteante ritmo,
marcando los compases con tu pisada
como las baquetas de un tambor verdugo.

Y te paras y me acorralas con tus ojos
como acorrala el cazador a su presa.
Y me coges por las manos,
y yo me niego al contraataque
porque allí se encierra toda mi fuerza

CÁBALA: AMOR

y tú la calmas, la coartas.
Y como si cortases los cabellos
que una vez dieron fuerzas sobrehumanas
me cortas el palpitar *venigno*
que corre altivo por mis palmas,
para jugar con mi energía, dominada.
Y después del torrente que recorre nuestra unión
los dáctilos se enloquecen
y respiran como un vino viejo
que quiere tomar la única forma posible
y recobrar su anterior estado
y ser libres en el universo de la perfección
para ya en cualquier momento ser contigo
y estar para ti en el mundo.

Pero no puedo sacar ese veneno que me recorre.
Tu energía imperialista ha cortado mis libertades,
he perdido el sentido con tu tacto.
Y te vas, caminando hacia el ocaso,
sin decir adiós, andando,
moviéndote con serpenteante ritmo,
marcando los compases con tu pisada.
Porque eres, al fin y al cabo,
la mímesis humana de un tambor verdugo.

CAÍN Y ABEL: PROFECÍA

En un bar de gente *chic*,
con el reflejo de un neón parpadeante,
oísteis la luz en un zumbido
que se os viene.

Y en su cara un espejo se compone,
se refleja, te reflejas,
os supone un narcisismo exacerbado
pero ¿qué importa?
La voz se os quiebra cuando habláis,
sabéis que no será más que un encuentro furtivo
de una noche; os veis
y el amor os surge
como un eco.

Es un cristalino mar de agua
que os inunda, que os empapa.
Y al final se convierte en una lucha
cuerpo a cuerpo,
fuego y agua que se encubren
como las sombras de dos edificios

CÁBALA: AMOR

que a la luz de la luna
quieren imponerse sobre sus sombras.

Y allí o en cualquier esquina
dos fuerzas que explotan se igualan,
como una guerra entre Caín y Abel
pero sin ninguna muerte momentánea.

Es una oposición flagrante.
El fuego os alborota, os quema el agua
y la fuerza os empotra contra vosotros mismos.
Y allí solo quedan restos sucios
de ese salivar que os corona sobre el otro.

Luego os vais porque vuestras vidas siguen
y solo permanece el recuerdo en las miradas.
Es un sello que se os queda para siempre,
grabado en vuestro cuerpo
y en una esquina
donde, a escondidas,
una noche amasteis.

LO PASADO

> Pues del tiempo asesinatos acometiendo
> los vestiglos van: un homicidio al presente.
> Los convirtieron en monstruos de la nada,
> de la inmoralidad recursiva e intangible.
> Y los persiguen y los queman,
> y así las horas neutras con ellos se derriten,
> como se derretirán los relojes de vanguardia
> que querrán simbolizar
> el tiempo perdido.

La república independiente del infierno
se ha levantado en armas,
proclamando una guerra
entre lo pasado y lo futuro.

Se escucha un torrente de clamores,
chocan los cuerpos furibundos.
Se levantan las espadas
que quieren hacer rodar cabezas.
Los ángeles han descendido desde lo alto
porque esta es la noche
en que la columna de la sombra
apaga el fuego que todo lo esclarecería.

CÁBALA: AMOR

Esta es la noche en que las trompetas del infierno
se levantan clamorosas
para lanzar contra el mundo
a los hijos de su reina
y romper esa ilustre claridad que se impone
en el *locus amoenus* que habitaban.

Esta es la noche en que la pasión
resurge entre los hombres
y corrompe el puro amor que nos vendían,
porque del destierro nació aquel sentir
que hoy se enfrenta a su enemigo.

Esta es la noche en que rotas las cadenas
de la puerta del mar rojo
se pretende invocar a los pecados
y que los siete reinen en la tierra.

Esta es la noche dichosa
en que lo humano y lo divino se unen
para luchar contra sí mismos
y ver la imagen apolínea del deseo
esclarecerse para siempre.

Porque el cielo y el infierno se han unido
dibujando en la tierra el verdadero vergel
que sostiene el gusto por la gloria.

Y a la vez esta es la noche en que la anarquía
se establece por la supremacía de los cuerpos,
para que la estética se rompa
y caigan las estructuras de lo que siempre fuimos,
para recrearnos en lo que siempre seremos.

Esta es la noche en que Adán pagará su deuda
porque de su ignorancia escapa la culpa
con la que se esculpen estos versos.
Su caída será el estruendo
del rayo que no cesa
que no es controlable por nadie.

Las figuras que estaban a sus pies
cambiarán el régimen de su imposible
rompiendo sus grilletes,
escapando para luchar,
y al fin, rebelándose,
gritarán el maleficio por el que se condenan
al no seguir los dogmas que se les imponen.

CÁBALA: AMOR

BIG BANG

Desde el oscuro abismo
donde los demonios se esconden,
donde la luz es solo el fugaz
chisporrotear del fuego.
Desde la nada que anticipó al mundo
una fuerza inacabable surgía,
callando,
imposibilitada por la propagación
del sonido.

No eras nada ni nadie,
naciste de la sombra de otra sombra,
rescatada por unas manos incansables
que solo querían hacerte inmortal.
Explotaste y surgiste como ente nuevo,
rompiendo
el arquetipo que antes de ti
no existía.

Te coronaste sin corona,
haciéndote con el feudo de una tierra
que era el caos si tú no estabas
y explotaste y surgiste como ente nuevo,
sometiendo
un universo ingente para tantos
desconocido.

Desde el oscuro abismo
donde el guardián de la realidad
era el difuso saber de la no existencia
surgiste para quedarte y hacerte eco
de lo que nadie sabe,
de lo que será para siempre
el conocimiento
de lo imposible.

Y eres tan grande
que en mi cabeza te esparces
y te representas de manera análoga:
siempre de una forma nueva pero
encerrando
el sentido primero de lo que fue
tu esencia.

Y miro desde un punto de ti,
no sé si cerca o lejos,
no importa.
Solo sé que te veo regenerarte,
crecer más y más hacia el infinito,
haciéndote aún más desconocida,
haciéndote lo que eres.
Mientras yo te observo para hacerme
lo que fuimos en ti
lo que soy sin ti:
dos universos
paralelos.

CÁBALA: AMOR

ÉXODO

Tras de mí una figura faraónica
impuesta por y para un Dios y endiosarse,
suprema imagen concebida.
Me persiguen los fantasmas cabalgantes
de aquella gloria tiránica que me atropella sin piedad.

Salgo de aquellas ruinas
como Neruda saldrá de Macchu Picchu:
convencida de un pasado *maravillante*,
de un futuro que no será ya nada.

Y me aparto hacia un desierto,
los alacranes me persiguen y me vienen
las plagas de un rencor
que no se cansa de recordar lo pasado;
el desierto que me ataca con su alegoría
junto al calor que no aguanto.
No lo entiendo.

No encuentro oasis, sigo solo una senda enorme
que desconozco, que me desintegra
porque solo veo el horizonte
que me ilumina, que atrae
como una fuerza gravitatoria
que sabe que estoy a punto de sucumbir.

Y me persiguen aquellas sombras
y no sé huir de ellas,
no sé,
no puedo.

De repente, una imagen primigenia
se dibuja ante mí:
¿Es un recuerdo?
¿Será una epifanía?
Una mujer envuelta en llamas
que corre y me llama por mi nombre.

Llevo cuarenta minutos aquí,
caminando,
y ya mi cabeza
comienza
a tras-
tornar-
se ya.

Me acerco, se llama Laura,
me llama y me atrae como un imán.

Se quema y no huye para calmarse
aquel fuego que en medio de aquel desierto
se supone inextinguible.

CÁBALA: AMOR

Me dice ven
y voy,
comienza a andar
y la sigo,
sabe que la sigo yo,
quiere que la siga,
me ayuda el seguirla,
solo, siguiéndola, veo
tu nuevo camino.

Después de que mis pies ya doloridos
clamasen durante cuarenta
y una y dos y tres y cuatro
horas de camino,
llegamos casi de rodillas
a un mar que me prometió cercano
donde mi garganta sofocada comenzó a beber.

El agua me recorría la boca
mientras la sal se anquilosaba en mi lengua
sin importarme lo más mínimo.
La sed de aquel calor inquietante
me mataba
y pruebo,
sin pensarlo
pruebo
y no puedo parar de beber.
El descontrol ante aquel paraje
se hizo con mi cuerpo

como se hará Roma con su imperio,
a base de golpes y batallas
contra lo que la barbarie hace incontrolable.

Una vez vista mi imagen
en aquel espejo de reflejo impuro,
el cambio estaba ya constituido.
Ella me veía y sonreía
y yo paré,
ya había calmado mi sed
y la sal ya tediosa
haciendo la ingesta estaba.

Laura se acercó, Laura me tocó
señalando con sus ojos la otra orilla,
mientras una voz casi angelical
me gritaba "allí, aquel es tu edén".
Mi cara compungida la interrogaba:
no podía llegar allí sin su ayuda.
Y de repente, de sus manos
dos columnas de aire y fuego
abrieron paso en aquel mar
que para mí se hacía desconocido e inhóspito,
finalmente.

Comencé a caminar mientras se pegaba
a mi frente una humedad
que se adentraba en mis entrañas
hasta lo más hondo.

CÁBALA: AMOR

Caminaba entre aquellas paredes acuosas
y ya no veía, miraba atrás
y solo sentía aquel calor extraño
mientras a mi alrededor veía
cómo un rastro de peces plateados
se movían, como yo me estaba moviendo
ahora, entre aquellas dos paredes gemelas.

No quería correr, tenía miedo a tropezarme;
sin embargo, la oscuridad se ceñía
y mis ojos no veían más allá.
Llegué al cruce entre el mar y la tierra,
como quien llega al éxtasis contemplándolo
mientras la misma voz ante-pretérita exclamaba:
"¡Allí!
¡Solo allí!
¡Allí solo!"

Di el paso último hacia la tierra
y, como un estruendo furibundo,
las columnas de mi paso se cerraron
como quien cierra un ataúd para siempre.
Y allí quedó ella,
en la otra orilla,
como quedó el faraón
cuando en los vasos de aquella cuenca
se ahogaba con su orgullo
por venir tras de mí.

MUJER CON MANZANA

Me cuesta saber si eres el reflejo
de una vieja gloria incrustada en mi mente;
o solo eres el tesoro de un futuro cercano que se acerca.

Me resultas una antítesis en mis cábalas mentales,
se me multiplican los sentidos, —bienvenidos todos—,
el corazón es solo un círculo de acordes
que me gritan mis esencias multipolares.

Somos una habitación en Roma, rota,
buscando la luz de una vieja gloria.
Y en el horizonte, un vaticano imponente
rompe la poca claridad que las estrellas reflejan.

La noche viene a recordarnos lo pasado,
tú te me escapas, como se escapan de los dedos
los hilos del tiempo que me interpela:
—Espera— me grita— ¡ESPERA!—
Y no es nada porque el parón es inminente.

He perdido el control del espacio,
los palaciegos amores se entretienen
entre las piernas rotas que vienen y van.
Y yo solo quiero tocarte
para enloquecer por un segundo.

CÁBALA: AMOR

Quiero perderme en el polo de tus caricias,
sean frías o calientes, no importa.
Porque en tu cuerpo, mi cuerpo se desliza
como se deslizan las agujas a las horas muertas.
Horas que quiero pasar contigo,
roce a roce, beso a beso,
verso a verso, recuperando los sonidos
de ese *muack* sonoro que quiere perderse
en cada milímetro de tu piel.

Busco el no tener que recordarte
sino tenerte para siempre.
Quiero que seas en mí, conmigo,
y reflejarme en el espejo de tu mirada ardiente
y ver cómo sonríes porque sonrío porque sonrías.

Y en el blanco mar que encuentro en tu cuerpo,
quiero escribir las letras más dulces cada noche
y marcar con fuego mi estancia taciturna
que piensa en repetir los poderes de su feudo
una y otra madrugada, descubriendo sus alhajas.

Y en el fondo, me siento Dios entre tus brazos,
descubriendo los vergeles que yo misma creo,
pensándote en mi reino para siempre.
Pero te me escapas, no sé controlarte,
tu juego de niños me invoca y provoca
mi caída libre, directa a la locura.

Acabo siendo el ángel caído,
pruebo de tus labios vino fresco,
muerdo las uvas de la pasión
y bebo el color de tu sangre,
donde está fundido el orbe entero.

El fuego nos lleva a nuestra hoguera
y caemos en la tentación apocalíptica.
Solo un beso, uno,
un solo beso y desisto;
si tú me besas que me corten las alas,
que me registren en el octavo infierno,
que me encarcelen para siempre si hace falta
pues sé que, aunque me duela,
el génesis de nuestra historia es nuestro final.